Let's LEARN the ALPHABET!

TRACE THE LETTERS BOOK

JUNE & LUCY kids

Shop our other books at
www.junelucy.com

Wholesale distribution through Ingram Content Group
www.ingramcontent.com/publishers/distribution/wholesale

For questions and customer service, email us at
support@junelucy.com

practice makes perfect
FREE DOWNLOAD!

WWW.JUNELUCY.COM/TTL1

JUNE & LUCY kids

Alligator

a

A B C D E F G H I J K L M N O P Q R S T U V W X Y Z

a a a a a a

a a a a a a

A A

a a

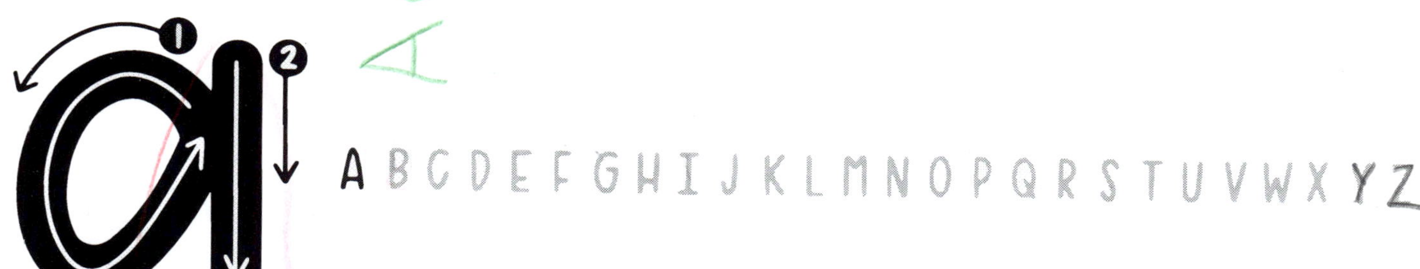

BeaR

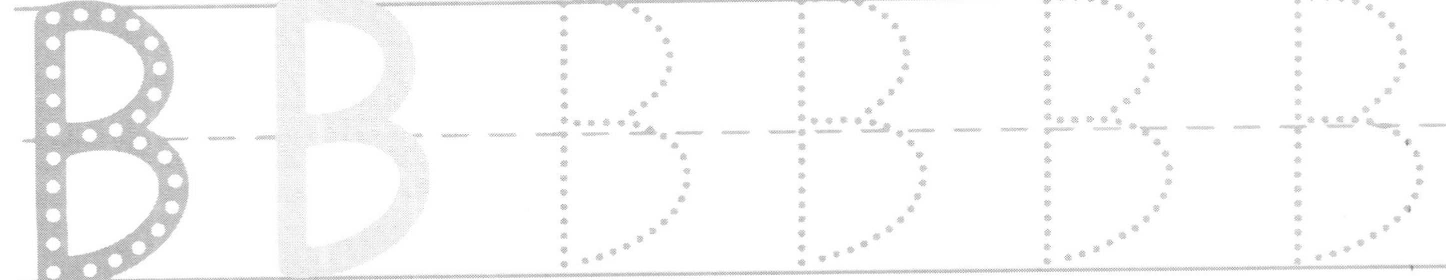

A B C D E F G H I J K L M N O P Q R S T U V W X Y Z

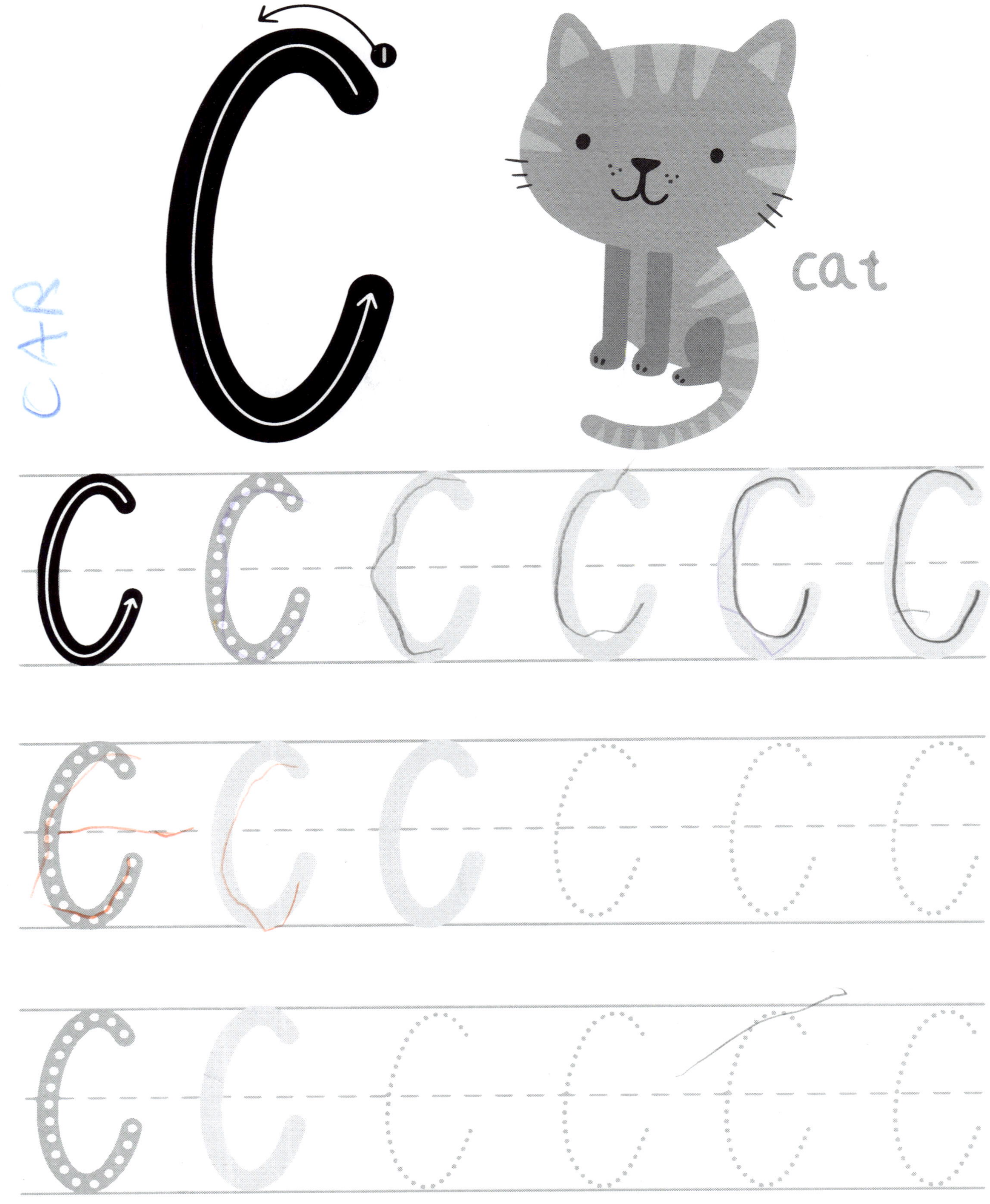

CAR
cat

A B C D E F G H I J K L M N O P Q R S T U V W X Y Z

c c c c c c

c c c c c c

C C

c c

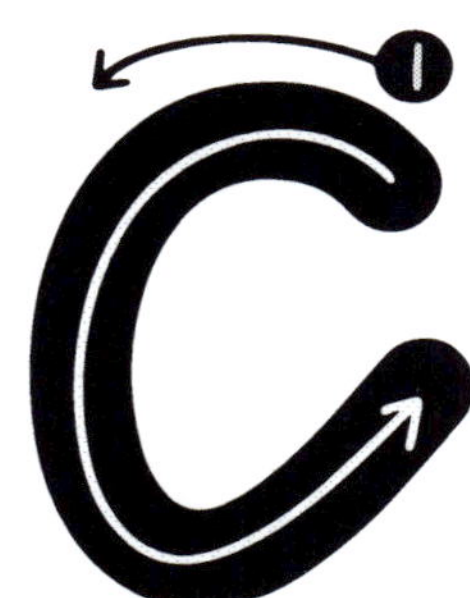

DINO

d

A B C D E F G H I J K L M N O P Q R S T U V W X Y Z

d d d d d d d

d d d d d d d

D D

d d d d d d

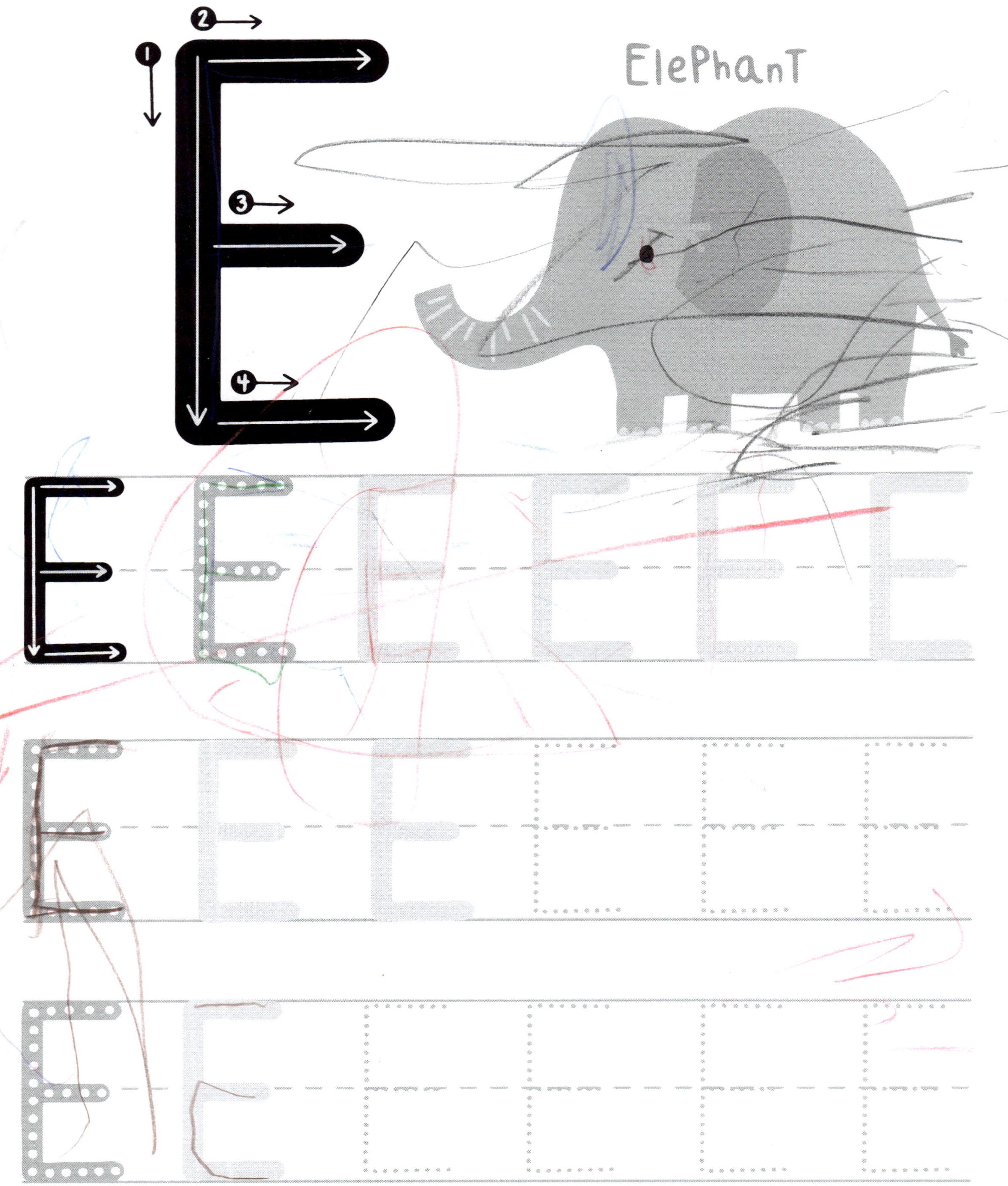

ElePhanT

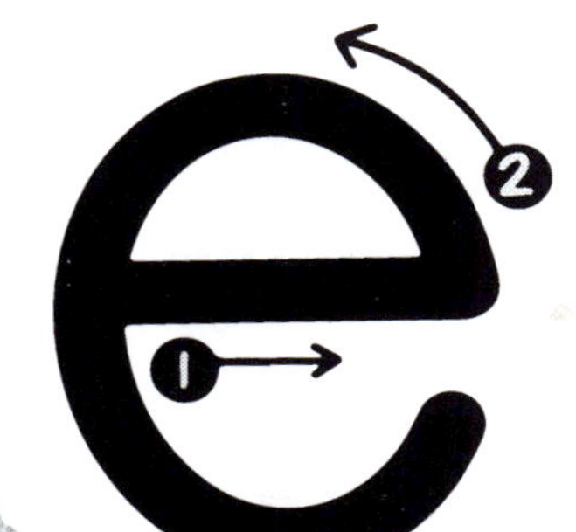

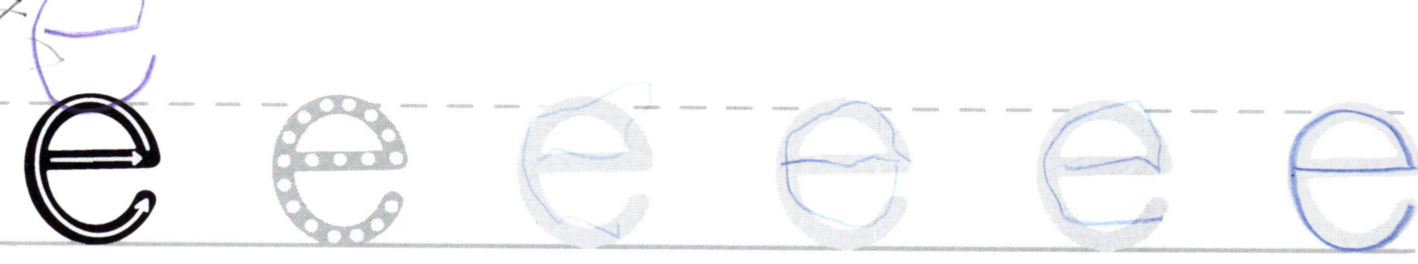

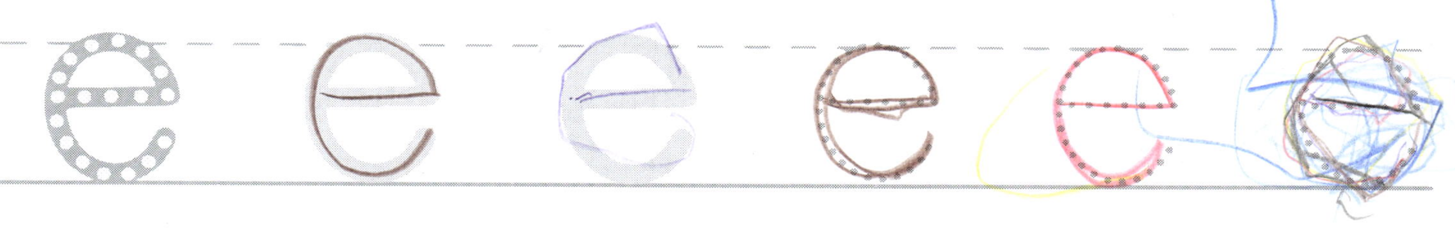

E

e

FlaMinGo

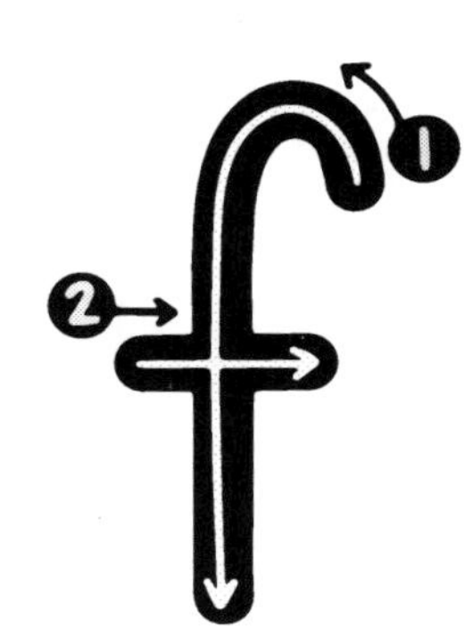

A B C D E F G H I J K L M N O P Q R S T U V W X Y Z

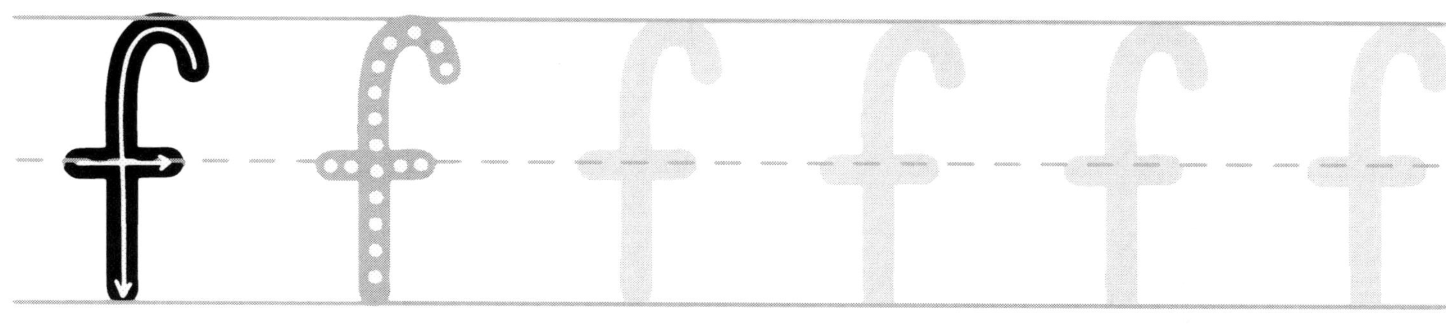

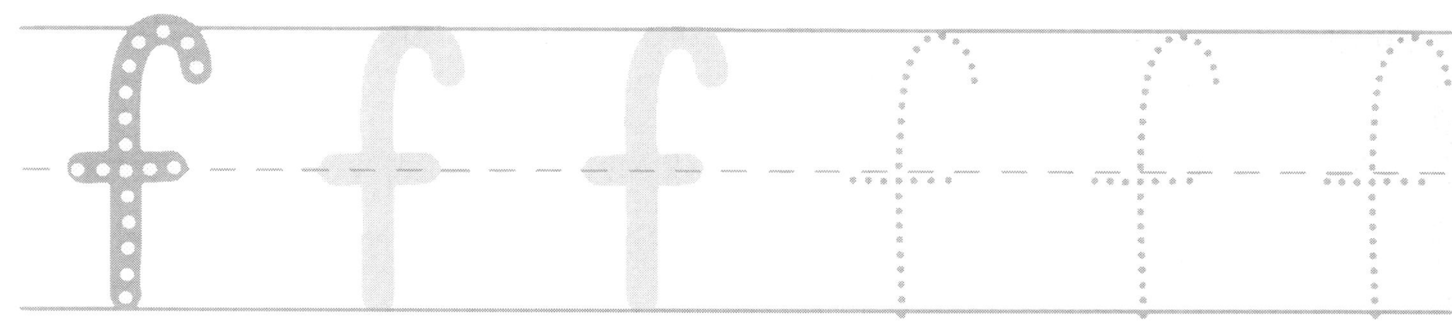

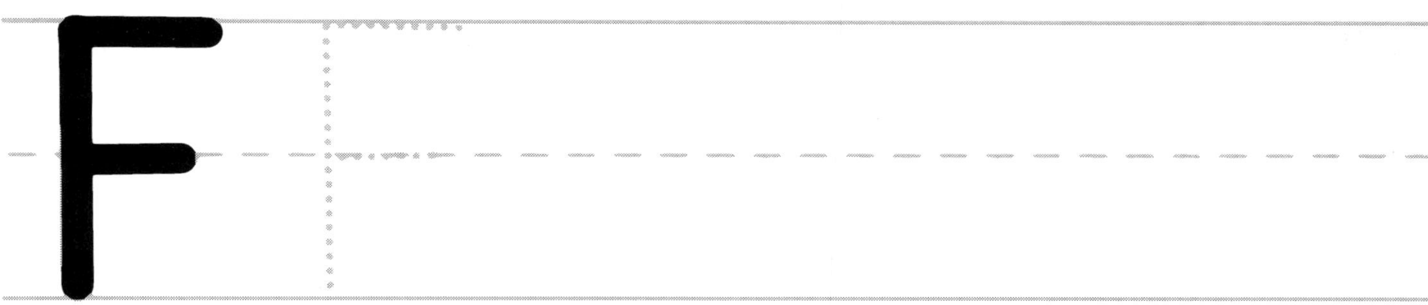

F

f

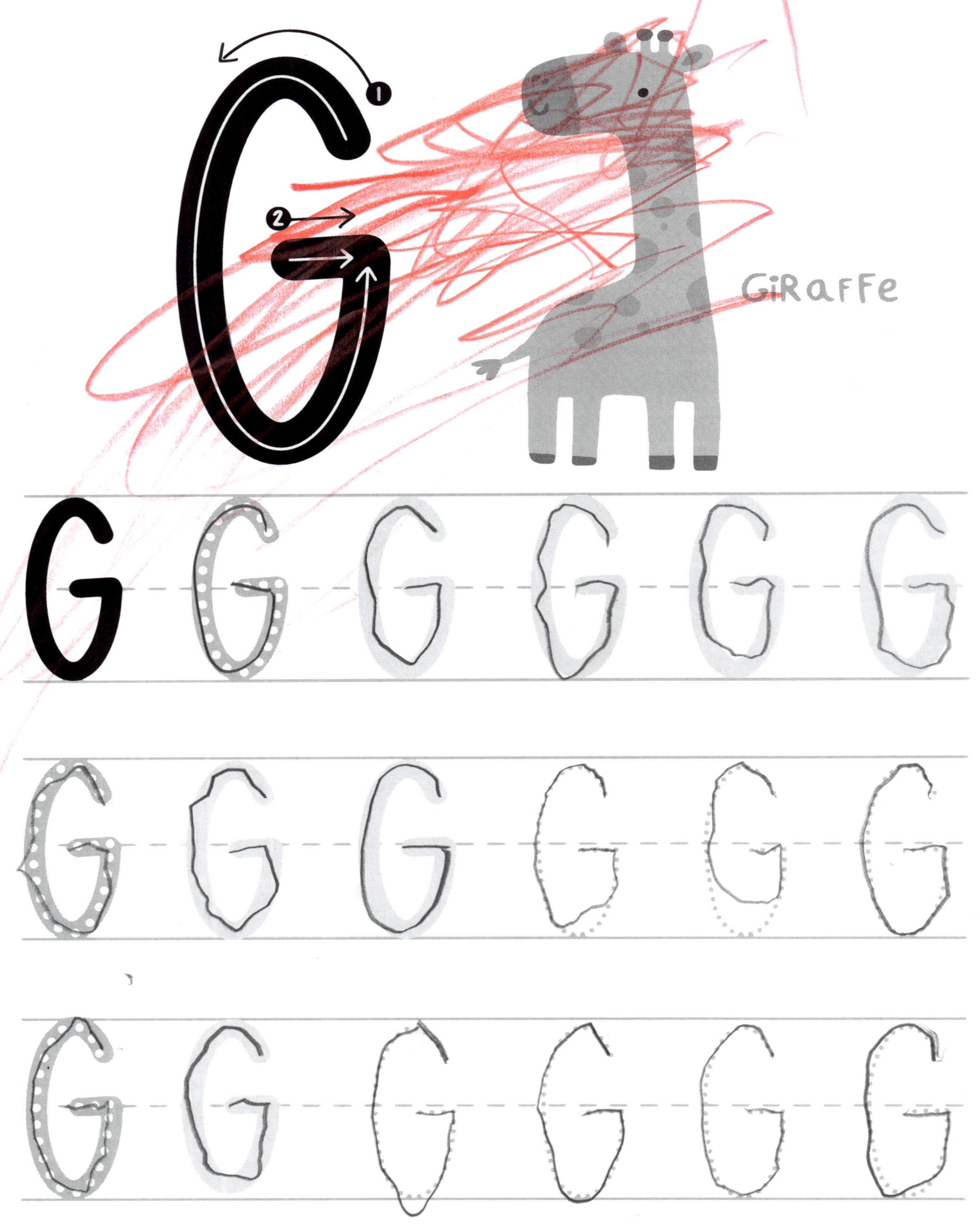

GiRaffe

A B C D E F **G** H I J K L M N O P Q R S T U V W X Y Z

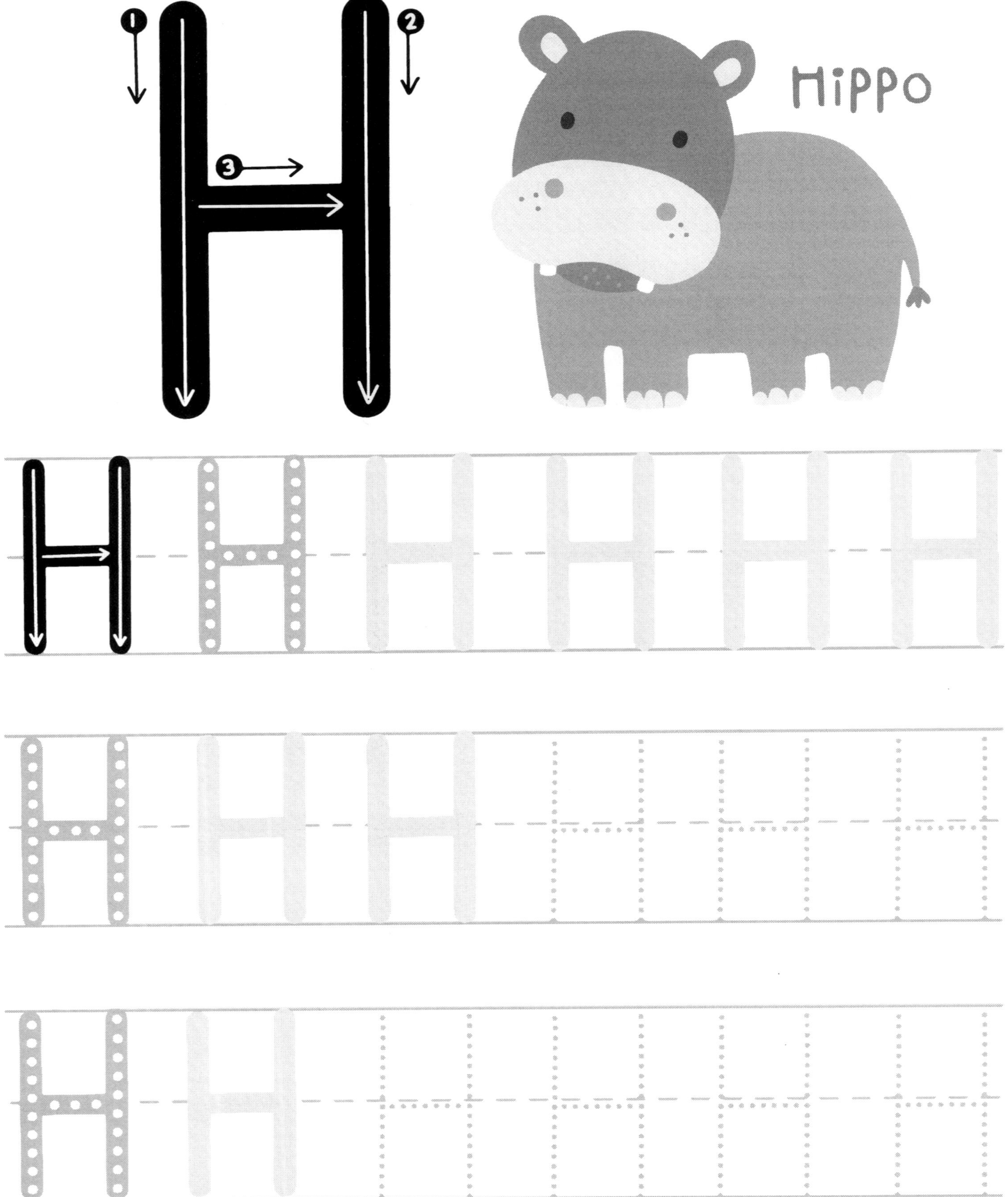

Hippo

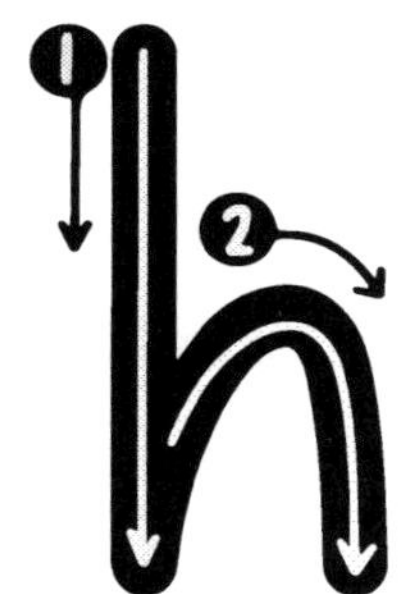

A B C D E F G H I J K L M N O P Q R S T U V W X Y Z

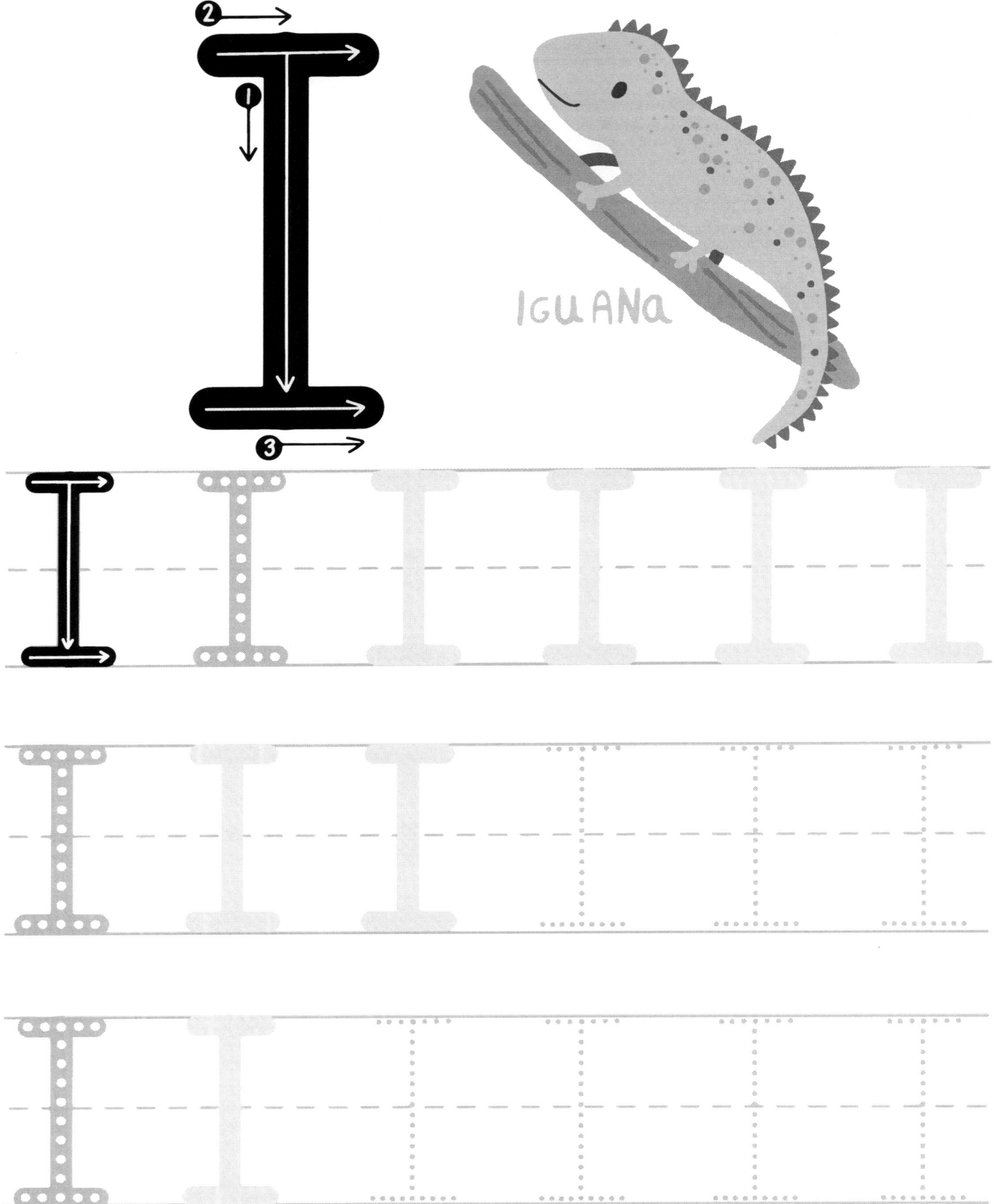

2
1
3
IGUANA

A B C D E F G H I J K L M N O P Q R S T U V W X Y Z

i i i i i i

i i i i i i

I

i

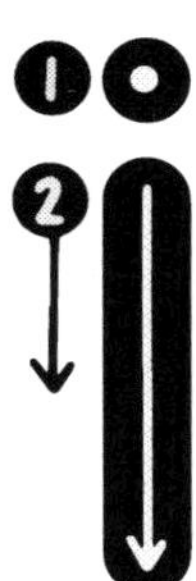

Jellyfish

A B C D E F G H I J K L M N O P Q R S T U V W X Y Z

Koala

A B C D E F G H I J **K** L M N O P Q R S T U V W X Y Z

k k k k k k

k k k k k k

K K

k k

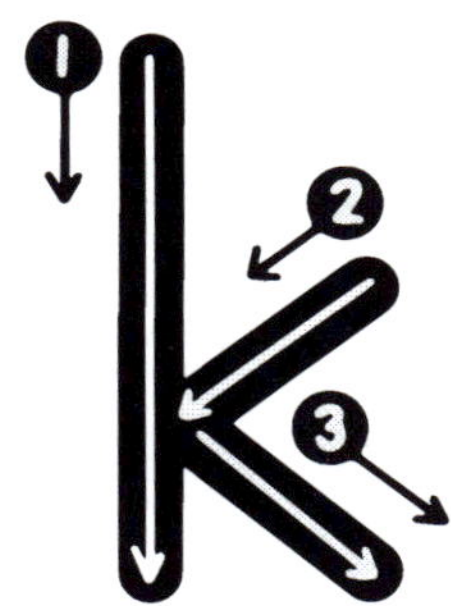

LION

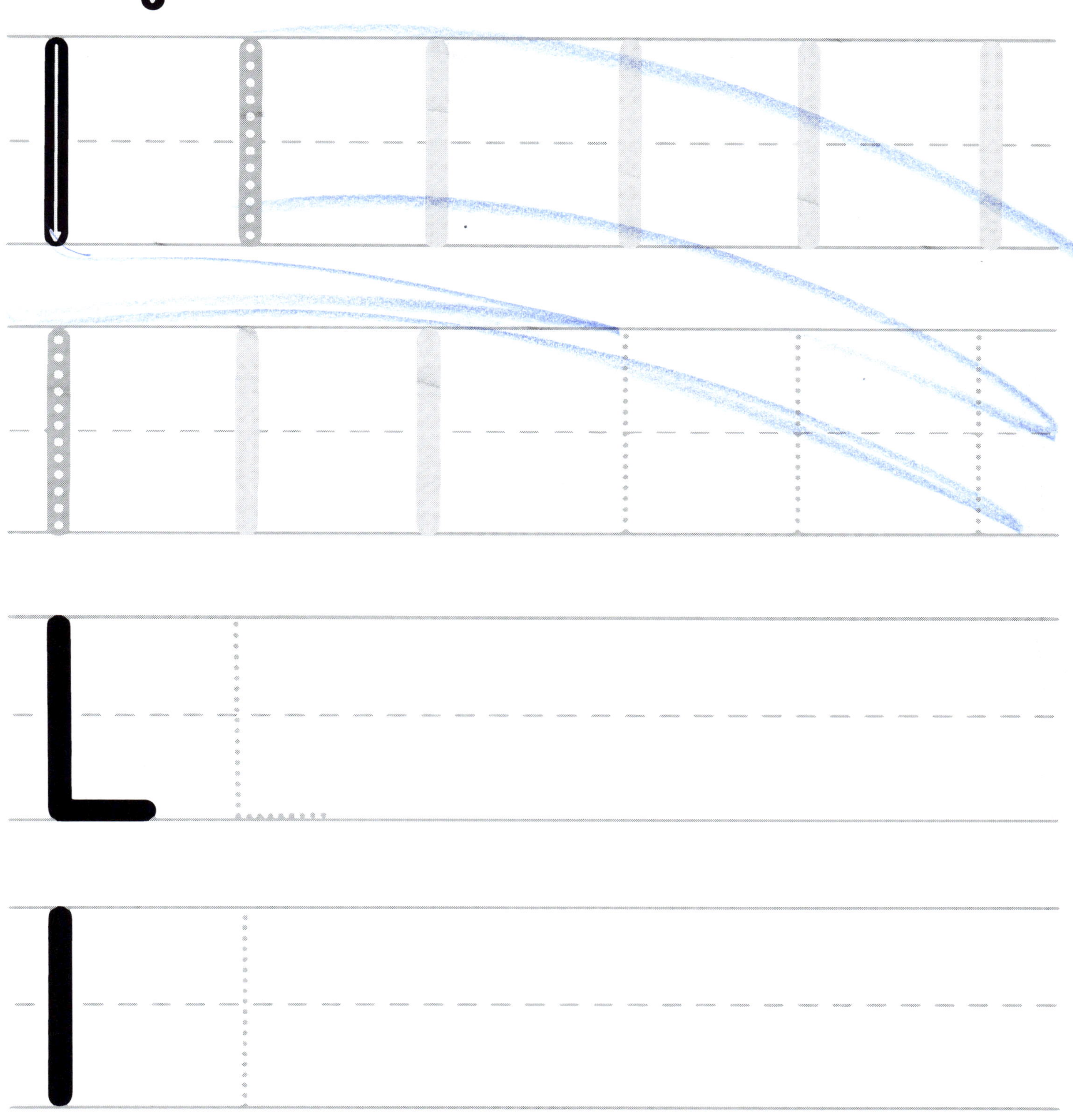

A B C D E F G H I J K L M N O P Q R S T U V W X Y Z

MONKEY

m

A B C D E F G H I J K L **M** N O P Q R S T U V W X Y Z

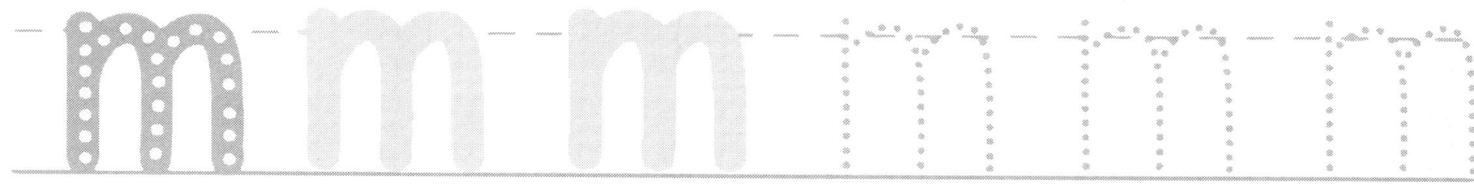

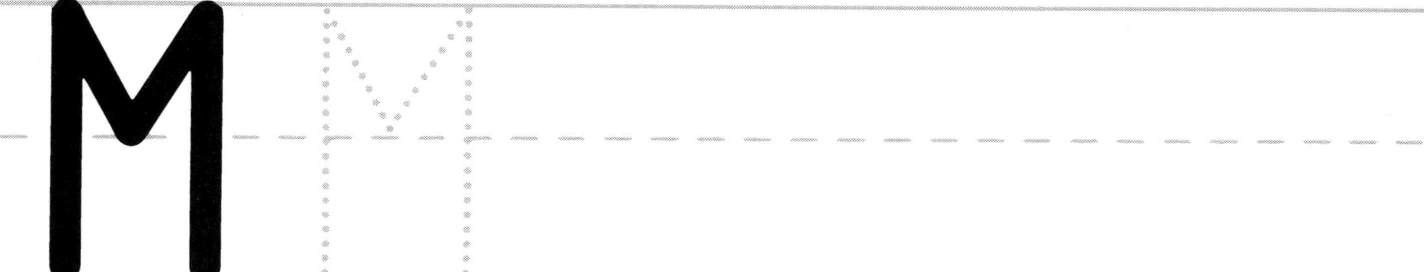

M

m

NarwhAL

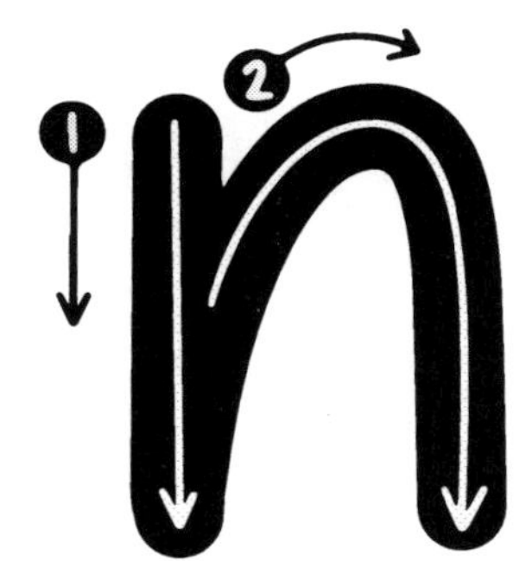

A B C D E F G H I J K L M **N** O P Q R S T U V W X Y Z

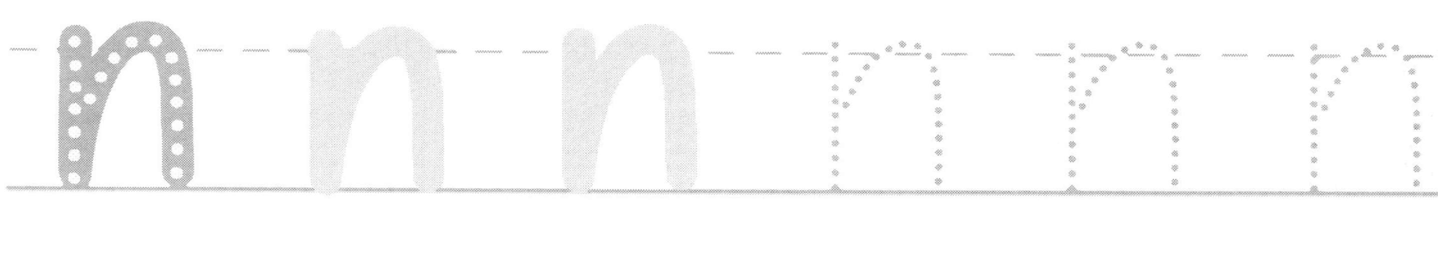

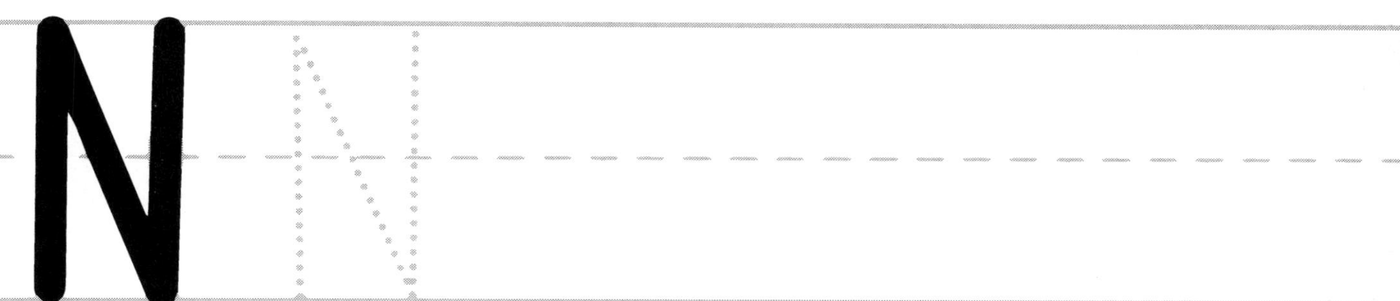

OCtoPuS

PeNguiN

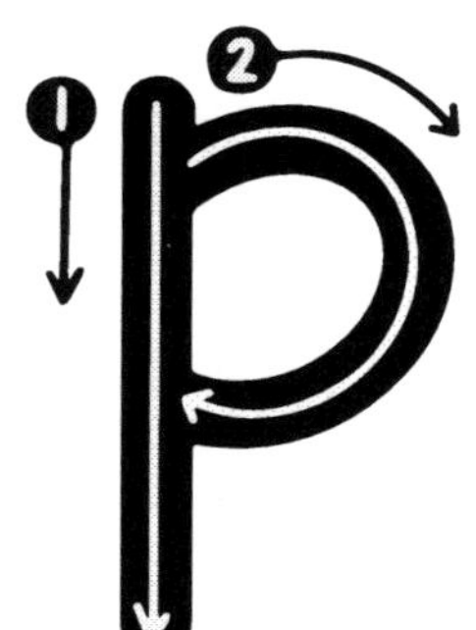

A B C D E F G H I J K L M N O P Q R S T U V W X Y Z

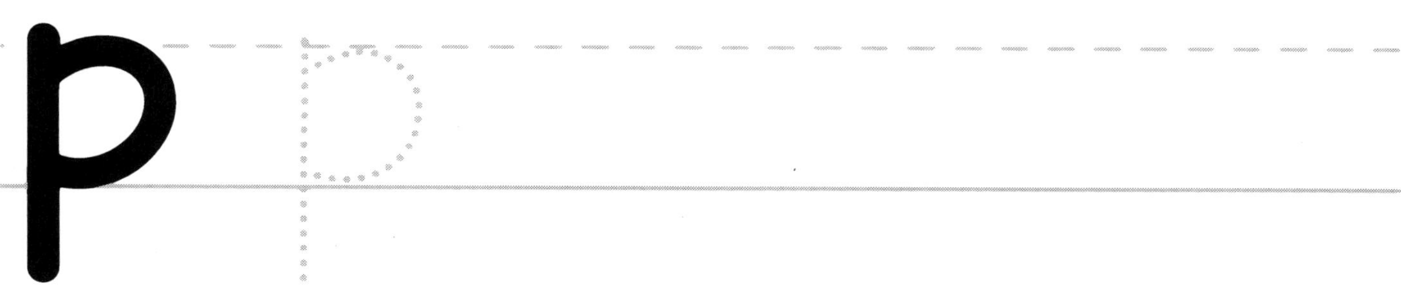

QuAil

A B C D E F G H I J K L M N O P Q R S T U V W X Y Z

RaCcOON

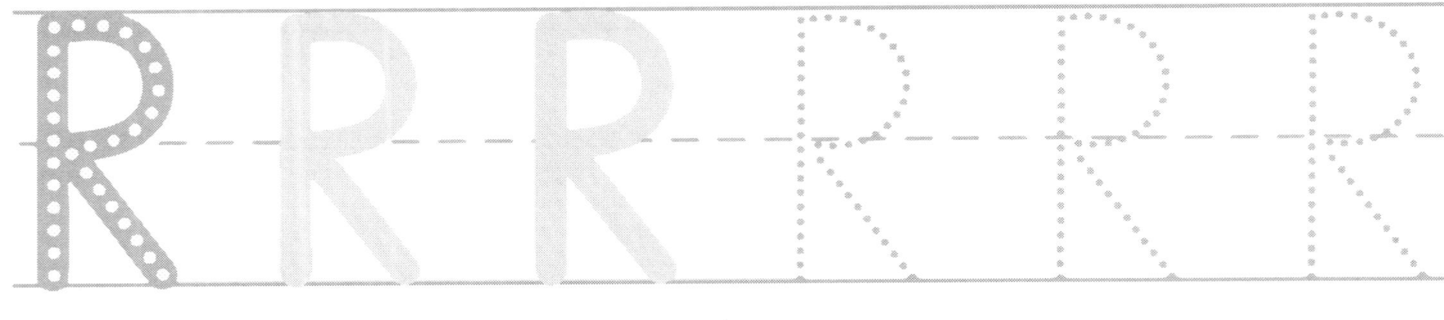

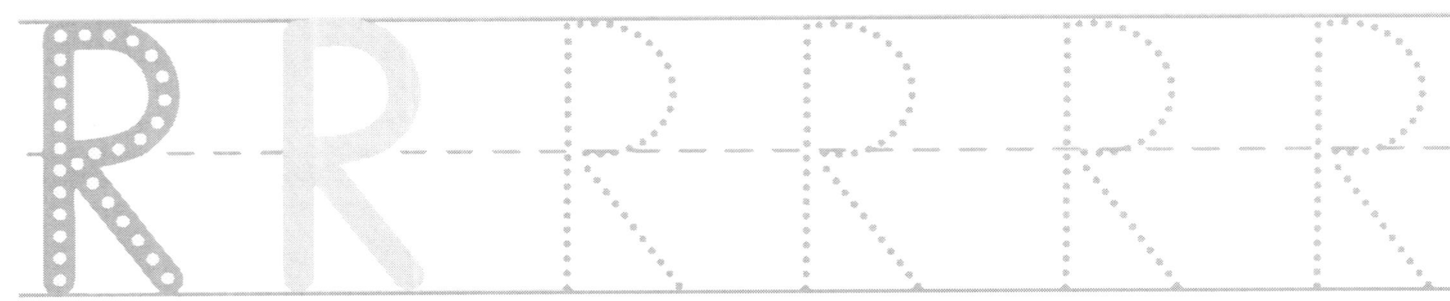

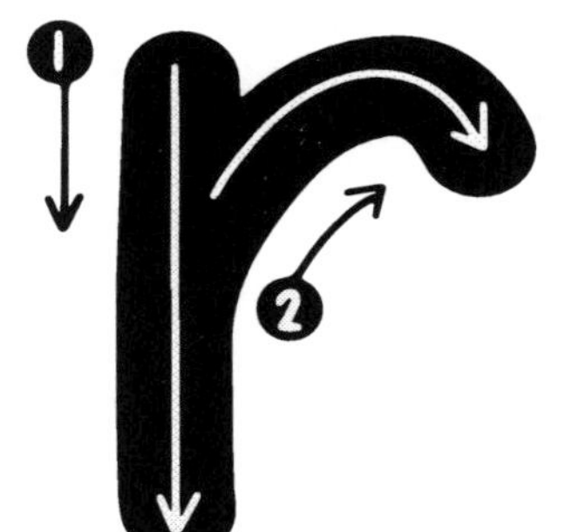

A B C D E F G H I J K L M N O P Q R S T U V W X Y Z

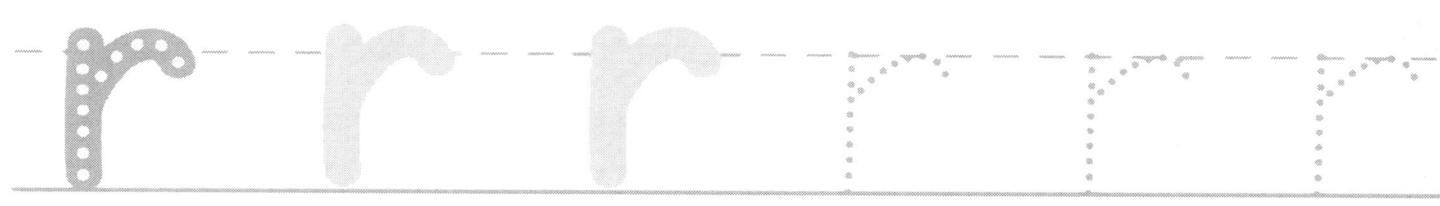

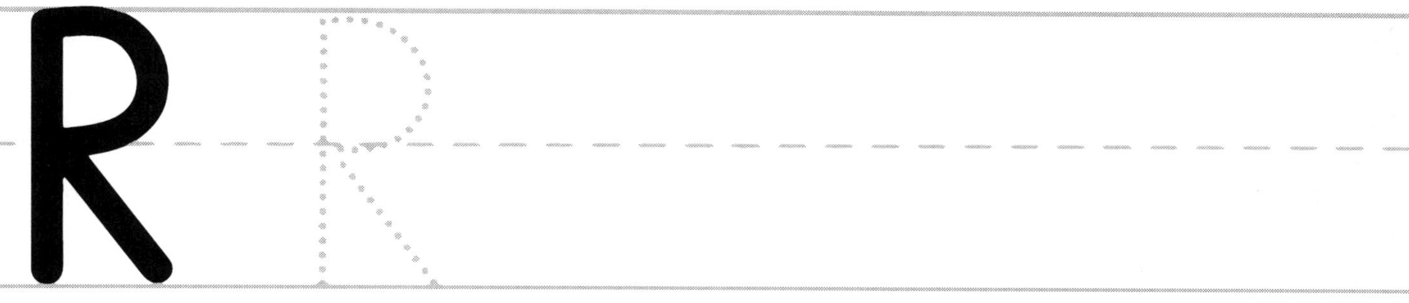

sNail

S

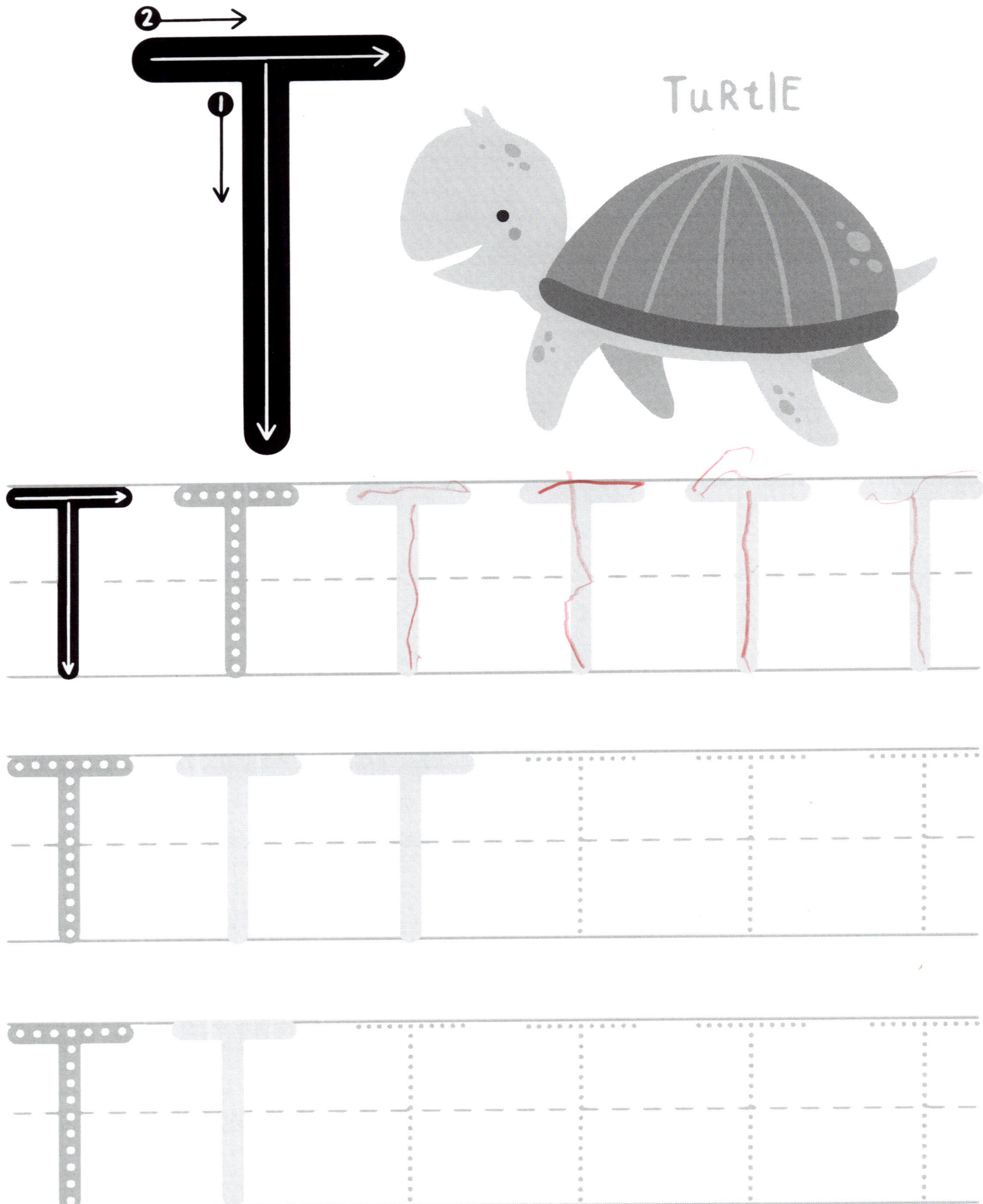

TuRtlE

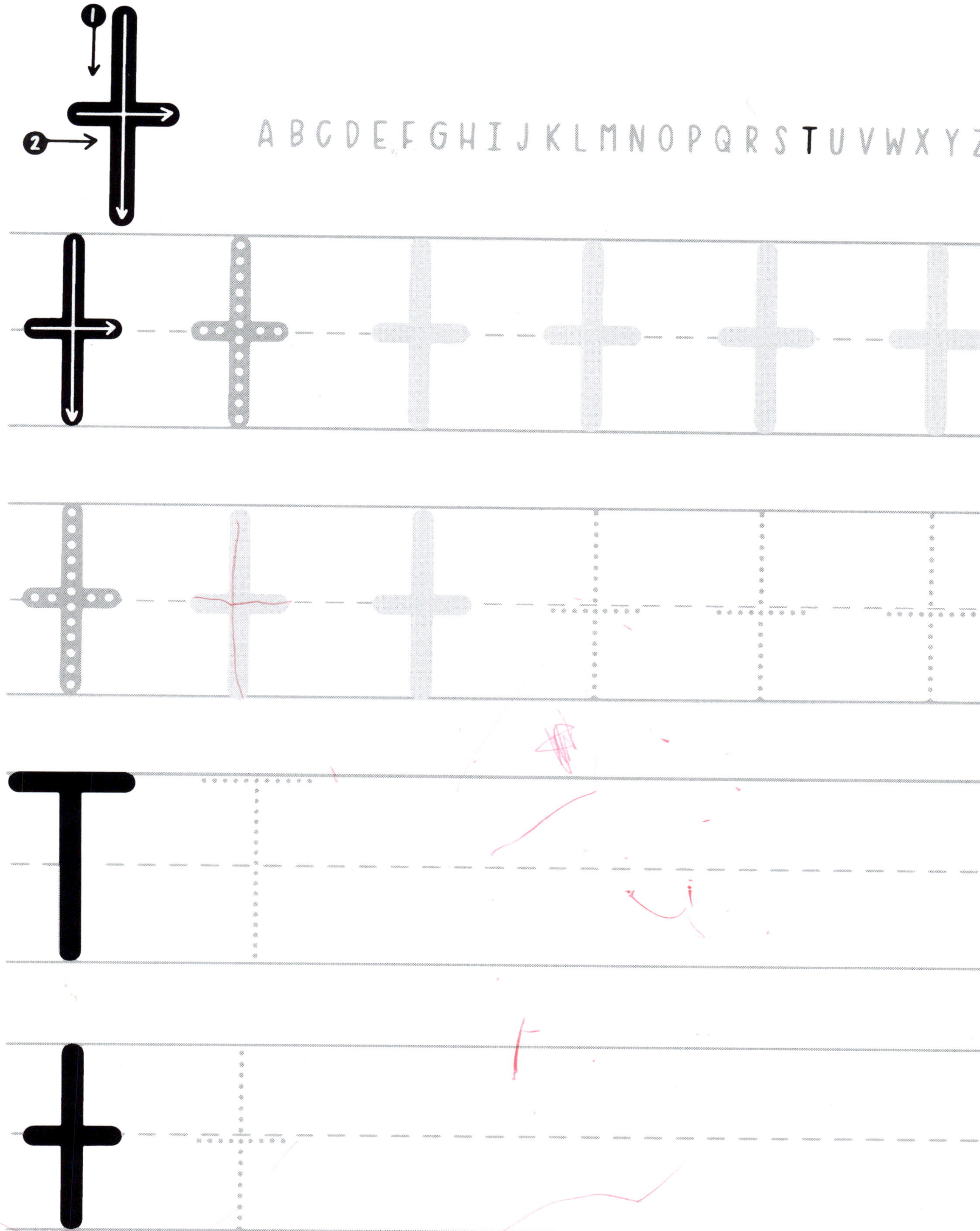

A B C D E F G H I J K L M N O P Q R S T U V W X Y Z

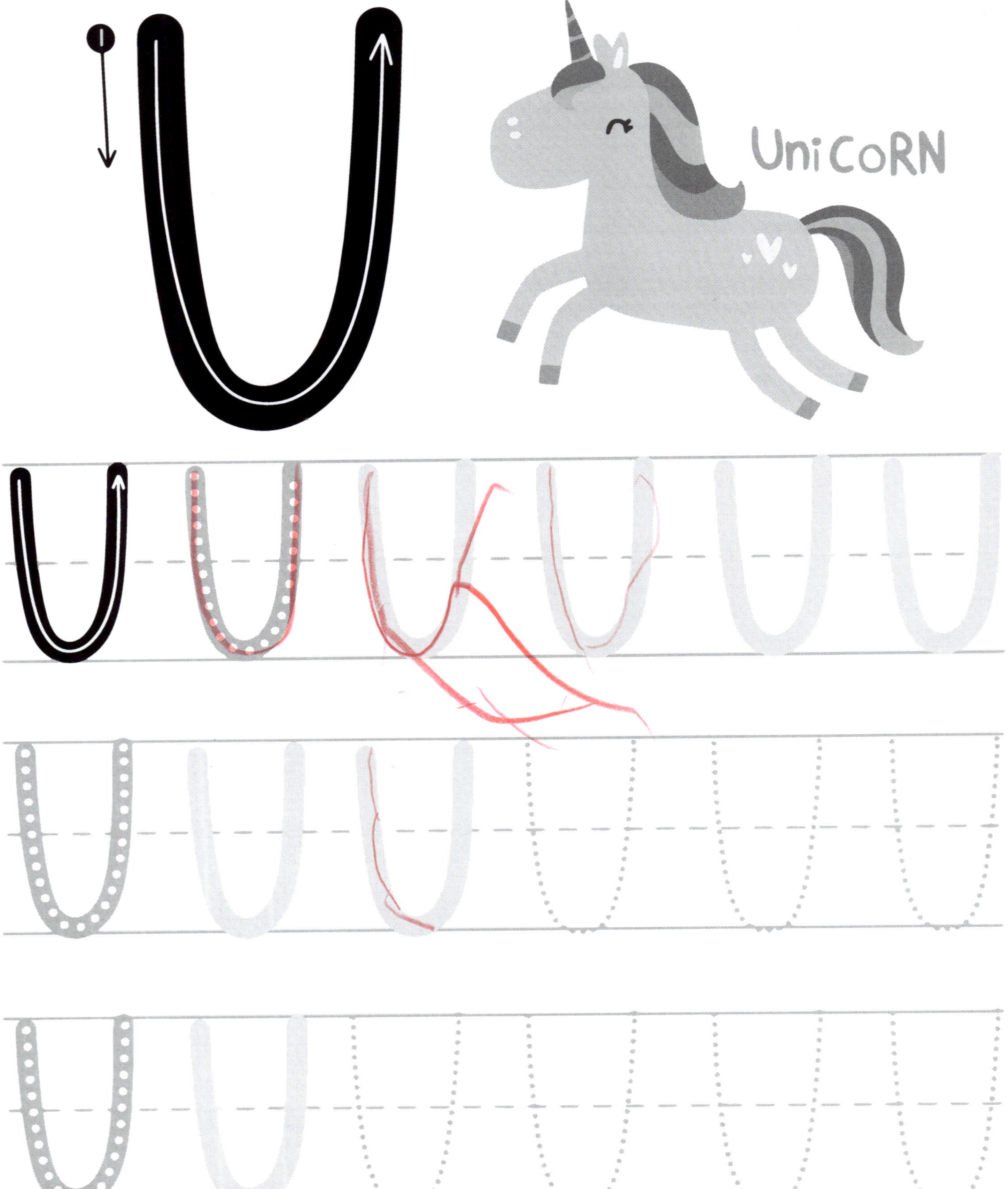

UniCoRN

A B C D E F G H I J K L M N O P Q R S T U V W X Y Z

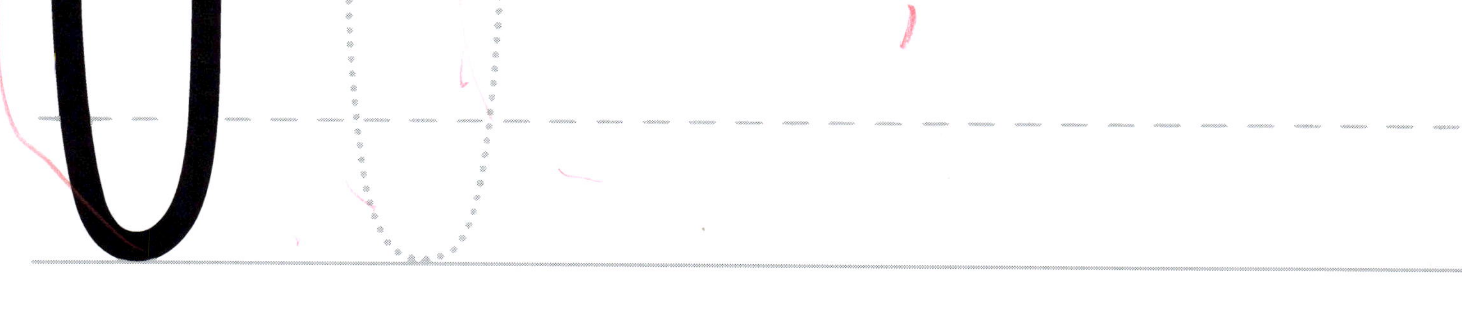

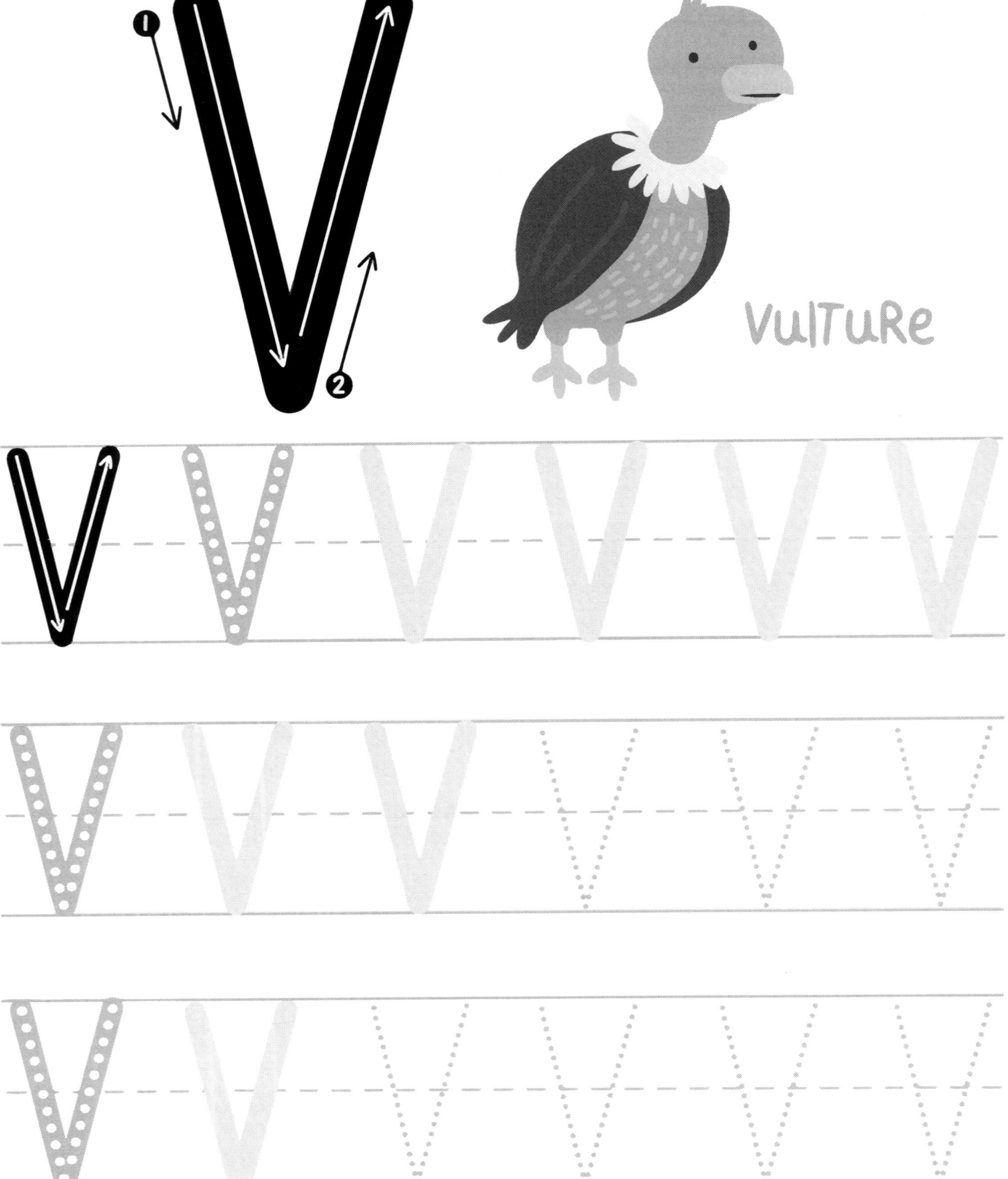

VulTuRe

A B C D E F G H I J K L M N O P Q R S T U **V** W X Y Z

v v v v v v

v v v v v v

V V

v v

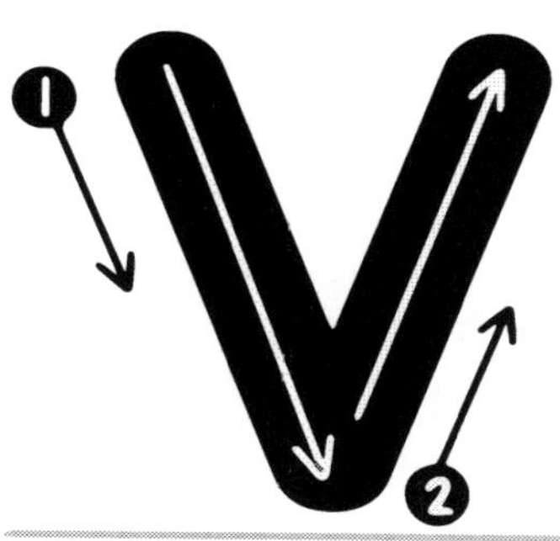

Whale

A B C D E F G H I J K L M N O P Q R S T U V **W** X Y Z

W W W W W W

W W W W W W

W W

w w

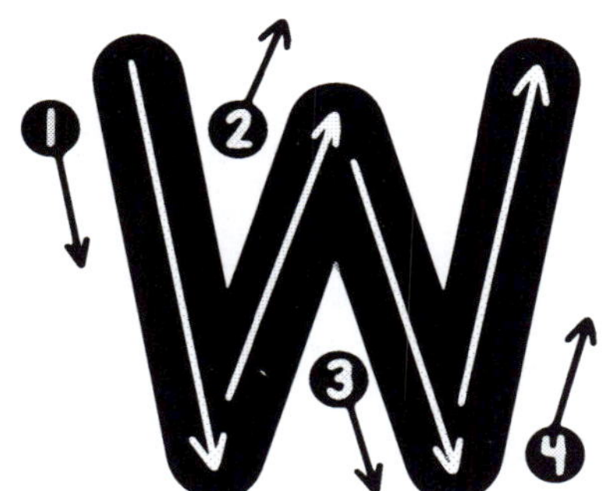

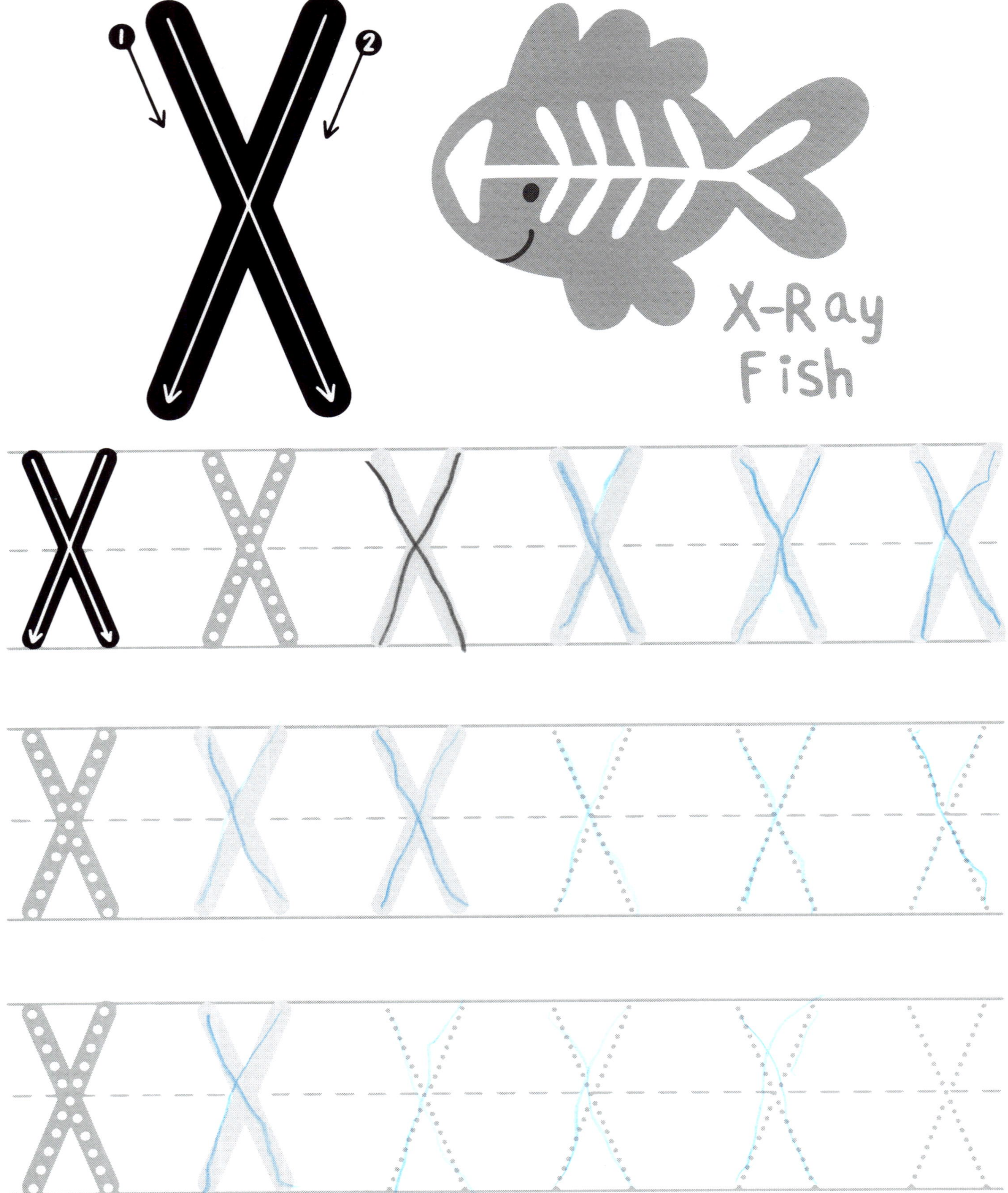

1
2
X-Ray
Fish

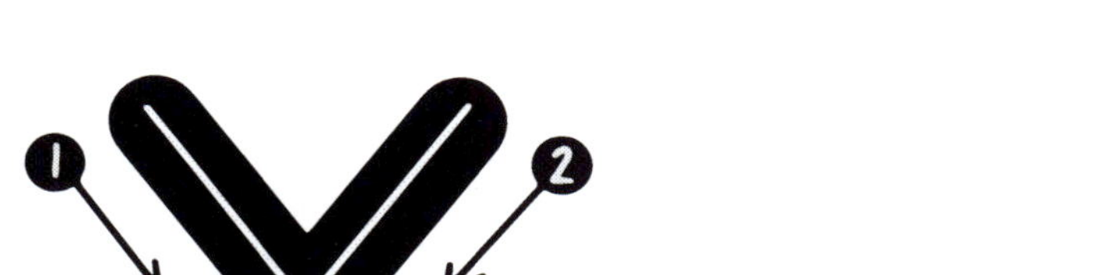

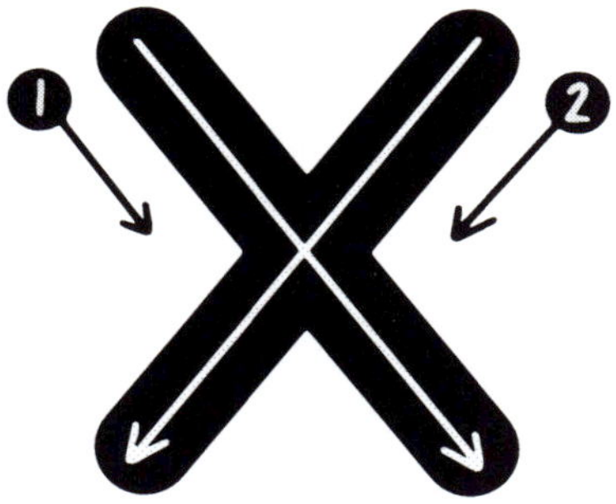

A B C D E F G H I J K L M N O P Q R S T U V W **X** Y Z

X X X X X X

X X X X X X

X X

x x

yak

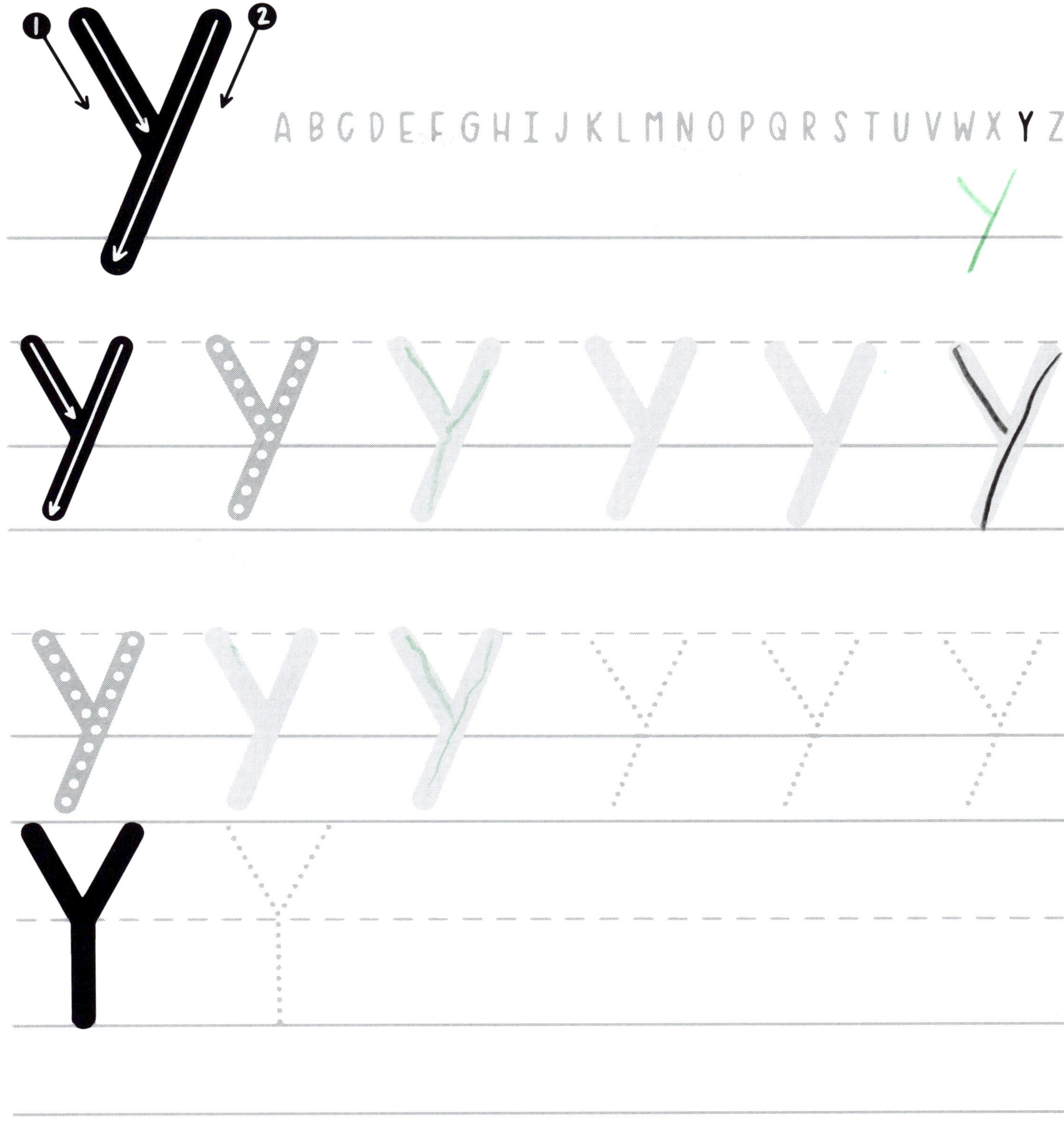
A B C D E F G H I J K L M N O P Q R S T U V W X Y Z

1
2
3
ZebrA

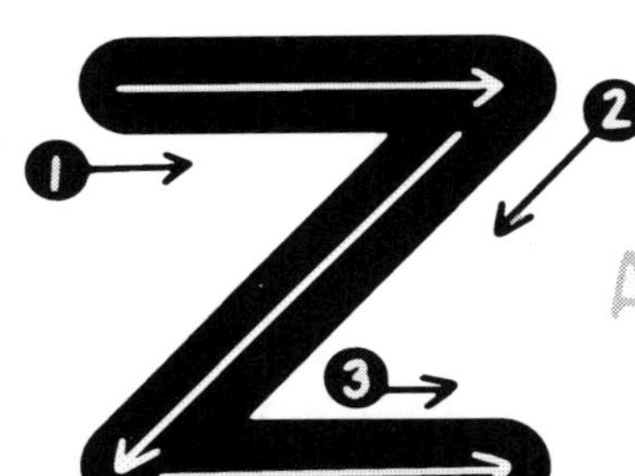

A B C D E F G H I J K L M N O P Q R S T U V W X Y Z

LET'S PRACTICE!
SIGHT WORDS

alligator

alligator

alligator

alligator

alligator

bear

bear

bear

bear

bear

cat

cat

cat

cat
cat

dinosaur

dinosaur

dinosaur

dinosaur

dinosaur

elephant
elephant
elephant

elephant

flamingo

flamingo

flamingo

flamingo

flamingo

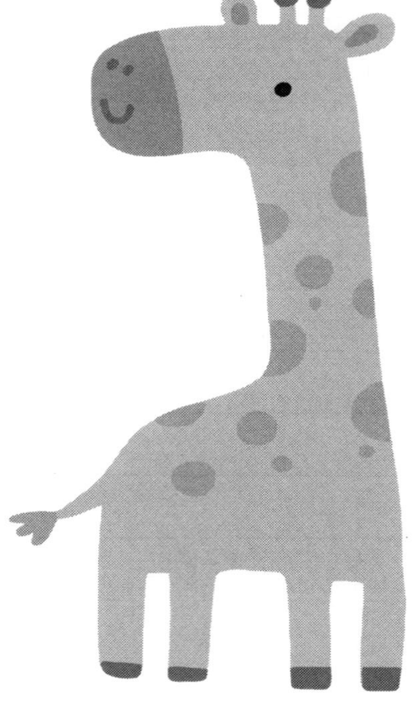

giraffe

giraffe

giraffe

giraffe

giraffe

hippo

hippo

hippo

hippo
hippo

iguana

iguana

iguana

iguana

iguana

jellyfish

jellyfish

jellyfish

jellyfish
jellyfish

koala

koala

koala

koala
koala

lion

lion

lion

lion
lion

monkey

monkey

monkey

monkey

monkey

narwhal

narwhal

narwhal

narwhal
narwhal

octopus

octopus

octopus

octopus

octopus

penguin

penguin

penguin

penguin

penguin

quail

quail

quail

quail
quail

raccoon

raccoon

raccoon

raccoon

raccoon

snail

snail

snail

snail
snail

turtle

turtle

turtle

turtle

turtle

unicorn

unicorn

unicorn

unicorn

unicorn

vulture

vulture

vulture

vulture

vulture

whale

whale

whale

whale
whale

x-ray fish

x-ray fish

x-ray fish

x-ray fish

x-ray fish

yak

yak

yak

yak

yak

zebra

zebra

zebra

zebra

zebra